AF581078

Immense…

Sajah N. Jeaurat

Immense…

Recueil

LE LYS BLEU
ÉDITIONS

ISBN : 979-10-377-5944-3

De la même auteure

– *Nous les sœurs*, Auto-édition, 2015 ;

– *Du Labyrinthe jusqu'aux étoiles*… Édilivre, 2021 ;

– *Femme je suis, sœur*, Le Lys Bleu Éditions, 2021.

Je rends hommage à mon compagnon de route,
mon mari Ras Clarel.
Un long parcours ensemble, Immense…

Si tu n'as aucune foi en toi-même, tu es doublement vaincu dans la course de la vie. Avec la Foi, tu as gagné avant même d'avoir commencé.

Marcus Garvey

Préface

Sajah N. Jeaurat offre un bouquet de poèmes en prose et vers libres, dans un patchwork composé de narrations peu communes.

Une rhapsodie littéraire à travers laquelle elle dévoile un pan de son histoire, étant bien souvent celle de l'Autre également.

L'auteure présente en partageant ses souvenirs et découvertes, des pistes d'observation et réflexion permettant d'atteindre **l'océan de la sérénité** en ayant alors compris qui l'on **est**…

Car nous avons tous **le** droit, un jour, d'accéder au **bonheur d'être enfin nous-mêmes** !

Introduction

Timide ! Bien souvent, elle avait entendu ce terme la désignant, lorsqu'elle était bien plus jeune, mais timide, Sajah N. Jeaurat ne l'était pas.

Cependant, ne pas parler ne signifiait pas ne pas penser. Le questionnement composant les pas de son histoire l'avait très tôt conviée à essayer de comprendre l'Autre, tout en réservant ses analyses sous silence.

Par la suite, son parcours de vie lui ayant apporté son lot de découvertes et de disconvenues, l'auteure choisit alors de **définir son identité**,

À travers les mots, les expressions, les pensées, pour insuffler une force à tous ceux qui aspirent à découvrir son récit d'histoires.

C'est en restant combatif face aux épreuves que chacun peut accéder à la véracité de son propre personnage.

Je suis !

Vécu

Il était une fois... J'ai côtoyé la honte en silence durant une période de mon enfance et je grossis le lot de ces nombreux enfants, ayant eu un *drôle* de père ! Pas trop d'ambition personnelle, pas trop responsable non plus, très enclin à la vie de *profitation*, plutôt concentré sur son ego, mais surtout à la bouteille un peu *accro*...
Sa seule régularité était sa vie si bien organisée. Tous les week-ends, nous attendions patiemment la venue de dame *Dérive*.
Un bruit nous faisait tous sursauter. Le bruit d'une clef se battant pour ouvrir la porte, c'était sûrement lui, il était enfin arrivé. Ah ! Le bruit d'un juron, il avait titubé et avait dû se cogner...
Le scénario allait bientôt commencer. Bien qu'il fût très tard, il vociférait le nom de notre mère, lui imposant de se lever.
Puis il se rendait dans la cuisine, bousculant meubles et tiroirs, causant un tel vacarme que les voisins

n'hésiteraient pas le lendemain à commenter : « dis donc votre père ! Il a encore remis ça ! »
Mais ce n'était pas tout, le pauvre homme plus saoul que de raison, ouvrait en très grand la fenêtre, pour déverser à voix haute l'infortune de sa désolation !
Le plus éprouvant pouvait venir, quand il se décidait à provoquer notre mère. Mes frères et sœurs restaient un peu en retrait, mais moi je ne le pouvais pas, il fallait bien que quelqu'un la défende !
Il ne l'avait jamais rouée de coups mais il la malmenait quelque peu. Et j'attendais l'oreille tendue, prête à intervenir au moindre bruit suspect…
Nous avons vécu quelques années sombres dans l'austérité, car notre père dérobait régulièrement une part du revenu du foyer, pour aller la dépenser avec des comparses aussi peu honorables que lui.
Cela n'a pas été toujours facile, j'ai d'ailleurs de *très bons vieux affreux* souvenirs !
En grandissant, j'ai refusé de porter le fardeau de la conséquence de ses choix. Alors je ne sais comment, je suis devenue deux à l'intérieur d'une.
Une qui savait et affrontait, l'autre qui se fortifiait et avançait.
Mon passé a engendré une source de réflexions m'ayant permis de ne **jamais me considérer comme une victime…**

***

J'accompagne ma maman, le long de son chemin de 98 ans, comme on accompagne un enfant, marchant le long d'une route et côtoyant le danger que lui, nullement ne redoute.
Côte à côte, nous affrontons le quotidien qui n'est pas des plus ordinaires. Si ce n'est pas par maladie, tout commence par le jardin des *Accidents* où le parcours *Déséquilibre* trouve des adeptes à ne plus en finir.
Mais cet enthousiasme forcené a d'énormes conséquences, ma maman les a bien connues et quelquefois elle a bien sûr fini aux Urgences !
Et puis, comme cela, doucement, tout doucement commence la décadence… Lentement, jour après jour, arrive le moment où il ne peut y avoir de retour. L'âge prend sa place sans détour.
Ma maman se rapproche maintenant du monde de l'innocence, et tel un nouveau-né pour lequel à toute chose on pense, paisiblement le soir elle se laisse border.
En prenant de l'âge, le corps fatigué ne peut plus suivre la cadence, à laquelle il était habitué. Et, il en est de même pour la santé, qui en *vieillissant* se détériore, jusqu'au jour où elle ne peut être réparée.
Dès lors, la vie étant rancunière, plus rien ne redevient jamais pareil. Et pour s'adapter à cette nouvelle étape, nous devons puiser en nous patience et bienveillance.

Car à cette fragilité on ne peut résister ! Et là, est bien le cheminement de tous nos âgés.
Un jour, sans rien n'avoir vu venir, on ne fait que constater que leur taille diminue et leur masse corporelle s'amoindrit.
Bien vite, ils acquièrent le pouvoir d'être aussi légers qu'un petit chat, donnant ainsi envie d'être protégés.
Ma maman a commencé à manger comme un oiseau, puis elle s'est *bien vite mise* à picorer comme un moineau.
Comment pouvoir se battre contre la vieillesse, quand celle-ci engloutit toute leur force ? Comment repousser le temps, alors que l'oubli devient leur ami ?
Ce n'est pas toujours facile de parler, parler, parler, pour que l'oreille entendant mal puisse aussi avoir sa part de conversation, tout en sachant que dans les minutes suivantes, tout souvenir va dans un clin d'œil disparaître.
En revanche, ma maman n'oublie pas son passé. Elle raconte beaucoup d'histoires concernant son enfance. Elle se rappelle une anecdote, elle se met alors à *rigoler*…
Et puis invariablement, elle se met à raisonner sur son thème favori : « Je ne savais pas que c'était comme cela de devenir vieux, maintenant je le sais et toi aussi, alors pour toi c'est mieux, tu seras préparée !

Mais ce n'est pas marrant hein, quel calvaire ! »
J'accompagne ma maman…

***

Il arrive ce jour où les parents souffrent de jeunesse, non pas de celle qui les remplit de liesse, mais de celle qui fait qu'ils ne sont plus du tout comme avant. En effet doucement la vieillesse fait son œuvre, jusqu'au jour où ils redeviennent comme des enfants.
Quand cela leur arrive, lentement notre quotidien dérive. Il nous faut alors tout revoir, organisation comme décision. Mais ce que l'on ne sait pas à ce moment-là, c'est que le temps ne va plus nous appartenir.
Et que désormais, différents compagnons de route comme questionnement, désarroi, inquiétude, nous deviendront fidèles à jamais, notamment à la rencontre de dame *Chute* ou de dame *Maladie*.
Nous avons bien entendu **la volonté de bien faire**, cependant ce combat ne peut être gagné, car leur destin les a déjà pris en main.
Se prépare alors un long chemin, durant lequel même s'il y a des périodes de bonheur, se trouve aussi un immense labeur, qui souvent nous déstabilise et nous prive de vigueur.
Toutes ces sensations et émotions qui s'enchaînent bien trop vite, nous jettent sans effort dans les bras de

dame *Fatigue*, qu'elle soit physique, psychique ou émotionnelle.
Puis éclot le moment, où nos parents entament la énième étape d'où il n'existe aucun retour.
Ils nous offrent alors leur incompréhension grandissante, leur cheminement vers la solitude en créant leur monde nouveau, ils se mettent souvent à converser seuls…
Mais ils offrent également, la litanie de leurs plaintes et gémissements accompagnant leurs douleurs quotidiennes.
Pour mieux les soutenir, nous devons travailler notre bonté et notre persévérance encore et encore, en souhaitant de ne pas faillir, jusqu'au jour où leur souffle de vie s'éteint paisiblement,
Nous laissant heureux d'avoir pu les honorer, mais souvent très meurtris par cette abnégation qui pour un laps de temps a été notre seul et unique horizon !

***

Immensément solitaire… Préférant la construction au gaspillage, la Lumière à l'obscurité, j'accueille ce recueillement gratifiant, purifiant mes pensées en me connectant à ce qui est important.
Pouvoir entendre battre mon cœur à l'unisson du chant des oiseaux, contempler le si beau tableau de

dame *Nature*, où me réjouir dans **la paix du silence me conduit à l'essentiel.**
Dans un tourbillon d'intense sérénité, je perçois le chant des anges m'encourageant à cultiver mon intégrité et à ne jamais renoncer à être celle que je suis devenue…

***

Édification

Nous avons tous la faculté de décider. Dès lors, nous pouvons **façonner** en partie **notre destin,** car le pouvoir de nos choix dessine chaque lendemain.
Pour s'accomplir il faut **y mettre du sien**, et aussi se protéger en prenant le temps d'analyser les indices de la vie **avec clairvoyance**, et à toujours peser le pour et le contre avant toute décision.
Car n'oublions pas que même si l'on n'a pas immédiatement ce que l'on veut, **on récolte** toujours tôt ou tard **ce que l'on a semé**.

***

Que nous reste-t-il ? De jour en jour, les valeurs se sont estompées, graduellement la confiance s'en est allée et lentement la déception s'est installée. Pourtant, une lueur inaltérable réside quelque part, cachée dans nos cœurs comme une œuvre d'art,

attendant le moment propice où, **l'amour** sera manifeste à travers nos actions.
Dans cette misère morale dans laquelle l'Homme plonge doucement mais sûrement, l'altruisme reste la pierre qu'il faut mettre à l'édifice, **pour** se soutenir les uns les autres, afin de **mettre un frein à la désolation qui règne sur cette terre**.

***

Seule la mansuétude peut permettre à celui qui est dans la détresse morale de se relever peu à peu, jusqu'à se fortifier pour affronter le poids de la désillusion, afin qu'ainsi disposé, **la puissance de la Foi** façonne la robustesse de son armure.

***

Ne pas oser parler, pour ne pas affliger l'autre n'est utile à personne. Nous avons été dotés du verbe, cela pour exprimer nos sentiments et définir qui nous sommes.
Pour bien le faire, il s'agit de s'appliquer en choisissant le ton, les mots, le moment idéal, pour que l'échange soit constructif.
L'intelligence ouvre **l'accès à la Victoire,** en offrant à chacun d'honorer son identité grâce au

discernement, cette petite lueur qui par sa présence nuit à la pénombre en l'empêchant de régner.

***

En parcourant les méandres de l'indécision, on en arrive à ne plus (re) trouver son chemin. Pourquoi vouloir se focaliser sur ce qui n'a pas de sens, alors que l'erreur ne peut être prise comme exemple ?
Notre entendement nous guide, à trouver les axes les plus accommodants à la résolution de tout questionnement.

***

Savoir extirper des rouages de l'existence une analyse positive, permet de nous adapter à toute circonstance, sans **pour** autant dés**honorer notre conscience**.
Courage ! Conservons **l'espoir**, même si ce long et sombre couloir semble ne plus avoir de fin. Puiser en soi l'énergie nécessaire pour lutter et retrouver sa cohérence, car le fait d'avoir trébuché ne veut pas dire vouloir renoncer.
Parfois, c'**est** cette remise en question inévitable, qui nous permet de mieux faire en fortifiant nos connaissances et orientant nos décisions,

Afin de franchir un à un, les barreaux de la frontière des possibles, où toute quête patiemment élaborée rencontre **le triomphe**.

***

Croire dans le concept sincérité, eh bien je l'avoue, je me suis bel et bien trompée !
Et le temps a nourri l'affirmation me permettant d'être dans **la certitude** et non dans la supposition.
Car les indices semés ont enfin pris place dans l'avancement du puzzle, et triste désolation, ton jeu s'est enfin dévoilé.
Ton fonctionnement n'était qu'une façade, qui très vite s'est lézardée sous le poids des intempéries.
La vie n'est pas une farce, un jour sans qu'on s'y attende tombe le masque, **et la vérité** alors **illumine** les secrets.
Hélas ! Pour **le cœur**, la déception est un poison… Le poids de ma désillusion a révélé un horizon, où mes observations ont ouvert une brèche dans mon attention.
Comment croire dans la fraternité ? Comment désormais partager son cœur sans méfiance ?
La trahison est un boulet qui anéantit toute relation et laisse parfois des traces irréversibles… Mais tel un sphinx, je me relèverai car « de titane je suis conçue et les balles tirées ne font que ricocher… » Titanium.

***

Nous seuls possédons **la clef de notre existence**, et nous seuls pouvons découvrir la porte que nous voulons franchir.
Pour ce faire, laissons-nous guider par notre force intérieure, la seule capable de connecter notre âme à nos besoins existentiels,
Et à nous dévoiler une manière de résister, aux afflictions et aux exigences composant le ciment de l'existence.
Dans le déroulement de la vie, il n'y a pas de coïncidence, tout a un sens. Les épreuves que nous affrontons nous permettent d'affermir notre endurance.
Alors, usons de méditation pour favoriser l'éveil de nos réflexions, grâce auxquelles l'esprit d'analyse nous guide vers la solution positive.
Manifestons notre puissance d'être, par **l'authenticité de notre personnage**, et sachons dès lors, prendre nos propres décisions !

***

Récompense

Le hasard est l'un de ces mots auquel on a donné une définition. Toutefois dans les étapes de l'existence tout a un sens et surtout, il y a **un temps pour chaque chose**.

C'est ainsi que dans les pas de notre histoire, les indices semés, les interrogations qu'ils engendrent, le discernement conduisent à la résolution du *puzzle Vie*.

L'empreinte du passé rejaillit et façonne les traces de notre parcours, les paroles prononcées, les actions entreprises, très vite tout se déroule à nouveau, dès lors on se souvient…

Cependant, il faut être en accord avec son personnage, pour que les secrets de la compréhension ainsi acquis, puissent ouvrir un chemin de Lumière.

Aussi, recherchons notre dimension à travers le recueillement, travaillons l'analyse par la méditation et **laissons émerger notre personnalité à travers nos décisions**.

***

Ressourçons-nous dans **la nature**, où la sérénité **panse et** cicatrise l'esprit surchargé ayant besoin de lâcher prise.
La paix du silence **nous rapproche de l'essentiel**, nous faisant discerner la valeur et l'importance des choses,
Prendre du recul face à toute circonstance, aiguise notre esprit de raisonnement et favorise la justesse de nos choix.
La réalisation donne naissance à la réputation mais c'est la profondeur de notre intelligence qui ennoblit notre âme.

***

Immense… Se sentir si petit face à l'océan, ressentir le bienfait de sa **puissance**, dans le remous et le fracas incessant des vagues, interprétant leur inlassable danse.
Face à cette immensité, **on se sent habité** par une sensation de bien-être, laquelle nous éloigne de la mélancolie et nous permet d'affronter la brume en chassant au plus loin l'amertume.
La caresse de l'embrun marin sur nos visages, au goût de rêves les plus sages ou les plus fous, avive l'envie de réagir.
Bannissons les œillères, plongeons dans le kaléidoscope de la Réalité, laissons-nous porter **par** la joie de **la conscience**.

Sans jamais oublier que : « nous sommes le DAVID que nous sculptons. »

***

Je me complais dans la solitude pour enrichir mon exactitude. Là où le silence est roi, le foisonnement de mes réflexions fait loi, favorisant ainsi le prélude de la mise en forme de ma pensée créative, dans **mon cheminement vers ma quête de vérité**.

***

C'est parce que les femmes savent vivre à l'intérieur d'elles-mêmes, qu'elles ont cultivé l'art d'espérer, la capacité de se dépasser en toutes circonstances.
Elles sont devenues des expertes, dans l'art d'exceller à toujours tenir la tête hors de l'eau, à s'adapter et très souvent à toujours devoir recommencer…
Leur puissance secrète est qu'elles sont des femmes !
La femme que je voudrai décrire comme un soldat remplissant sa mission avec cœur et abnégation.
Elle représente aussi la Bénédiction en engendrant amour et douceur.
Car n'oublions pas que JAH[1] lui a offert le pouvoir de porter la Création. À chaque naissance se reproduit le miracle de l'innocence.

---

[1] JAH est le nom donné à Dieu selon la confession Rastafari.

… Bientôt résonnent les premiers cris du nouveau-né, symbole des prémices de la perfection faite homme, pour ainsi perpétrer le cycle de la vie.
C'est pour cela que l'on peut affirmer, que seul JAH a pu concevoir la roue de la Vie, avec un tel génie de précision,
Prouvant que les rouages du temps s'articulent, pour que chaque chose puisse arriver à son heure.

***

Le Destin est une porte, que l'on veut nous faire croire verrouillée, alors qu'il faut la pousser doucement, pour qu'elle s'ouvre peu à peu, donnant accès à ce monde auquel on nous a toujours empêchés de rêver.
Une fois le pas franchi, le cœur battant nous voilà plongés dans un univers invisible, malgré des couleurs aux lumières chatoyantes et des senteurs aux effluves parfumés.
Osons nous laisser bercer par ces magnifiques symphonies, susurrées par la douce voix des anges.
Esquissons des pas de danse, car nous sommes libres de penser, **nous sommes libres d'exister.**
Dans la droiture et la sincérité, nous pouvons être qui nous sommes !

***

Plus jamais ne laisse la haine qui au passé t'enchaîne, être le berceau de ta peine. Réfléchis, réagis ! Quelle est l'utilité de rendre le mal pour le mal, quand on possède **l'apanage de sculpter son âme** et d'y découvrir **le pouvoir de l'Amour**.

La fusion entre deux êtres qui s'aiment, n'ayant désormais plus besoin d'aucun mot, se nourrissant de regards, s'abreuvant de sourires, ces battements de cœur faisant se sentir si léger…

Cet attachement intense qui guérit de tout mal est ce premier maillon qui **pourrait conduire à la victoire du Pardon**. Paix et Amour sur cette terre !

***

N'autorise surtout pas la désolation, cette fleur de tristesse éclose dans ton cœur, à transformer les couleurs éclatantes en un glacis et permettre aux tons amoindris et obscurs de jaillir de toutes parts.

N'accepte pas que la mélancolie te drape d'un voile infini. Plonge dans le tourbillon de l'espoir, en t'enivrant à jamais. Ose rêver que le toit du monde puisse un jour t'appartenir.

Il faut suffisamment être attentif, pour percevoir le doux message des anges, nous insufflant doucement à l'oreille que **dans l'absolu, nous avons tous notre importance** !

***

Je voudrais pouvoir parcourir l'infini, le long d'un ruban de lumière, avant de plonger dans l'océan du silence.
À travers sa dimension, mon essence peut enfin rejaillir, libérant mes ailes du carquois de tout découragement... **La tranquillité** profonde, comme un baume **cicatrise** toute **tension et affliction.**
Ainsi va la vie, tous les jours ne se ressemblent pas, cependant il faut tenir bon et ne jamais renoncer à ce qui a été posément décidé.
Car l'accomplissement est nécessaire pour atteindre les marches de l'histoire. Notre histoire...

***

Mon évasion par l'écriture m'offre le bonheur de parcourir la terre, au-delà des frontières et au-deçà du temps. Cachées dans les nuages, **je vois** des cimes de montagnes enneigées dessinant l'horizon,
Des chutes d'eau majestueuses, dont le fracas des flots manifeste sa puissance, de longs fleuves fougueux, des rivières rugissantes traversant des canyons escarpés et des vallées encaissées au flanc des montagnes,
Dissimulant des anfractuosités dont les chemins débouchent sur des étendues de verdure, parsemées d'une multitude de fleurs aux multiples couleurs et

dont les senteurs se diffusent tels des petits souffles d'air.
Je vogue sur un nuage de lumière irréelle, oh quelle merveille ! Me voici propulsée dans un tourbillon de douceur vers une hauteur insoupçonnée,
Et s'ouvrent devant moi les portes de l'Arc-en-ciel, où se révèle **un chemin** de lumière **parsemé d'étincelles de diamant**…
Un arôme vanillé sucré, flotte au gré de la brise légère, emplissant mes souvenirs de nostalgie, concernant ce si beau voyage à travers les époques, dont je suis revenue ne pouvant plus jamais être, tout à fait la même…

***

Plaidoyer… Seule face à la maladie, aussi elle veut être seule à pouvoir décider de sa vie.
Que pourriez-vous répondre, vous qui dirigez le monde, si elle vous disait que lorsque l'obscurité tombe, elle est livrée pieds et poings liés aux cauchemars tissant leur histoire ?
Que voudriez-vous faire, vous qui êtes responsables, quand la maladie devient insupportable et qu'aucun traitement ne lui apporte de répit ?
Que diriez-vous, vous qui connaissez tout, si elle vous avouait qu'aucun pronostic des médecins ne lui est favorable ?

Seule ! Elle est face à sa vie et rien ne changera pour elle.
Quand la souffrance devient jumelle de l'existence, elle n'est généralement plus seule, elle a déjà imposé ses amies, dames *Angoisse*, *Fatigue* et *Dépression.*
Le tourment prenant place, on s'enferme dans la spirale de la solitude. On n'a plus la force de partager, on n'a plus aucune envie de parler, le seul besoin est de dormir pour tout oublier… On voudrait tellement se sentir mieux !
Alors, si vous comprenez la fragilité de l'être, laisser donc son souffle être le sien, car pour elle tout simplement, désormais vous ne pouvez rien. **Elle est seule face à son destin**.
Une crise sanitaire ne signifie pas que nous serons tous volontaires !
Vous qui connaissez toute réponse, pourriez-vous affirmer qu'il n'y aura aucun risque ou effet secondaire, et ce, malgré la pathologie individuelle de chacun ?
Dans le doute, tous ceux ayant connu les thérapies inadaptées, les ayant plongés dans les affres de la douleur, vous demandent donc bien humblement, de ne pas leur offrir une autre occasion de souffrir et tout simplement de les laisser choisir.
Seule noyée dans l'océan de ses larmes, elle se débat pour échapper à son tortionnaire, dame *Maladie* ne lui laissant aucune accalmie.

Sa peur habite son cœur, face à l'inconnu d'un destin qu'elle redoute incertain. Elle est **seule** à combattre, alors il est certain, **seule** elle décidera pour demain…

***

Le mal être, les non-dits peuvent être parfois comme un étau, grisaillant peu à peu l'existence et étouffant toute résistance. **Mon jardin secret** m'a préservé de ces douloureuses expériences.

Mon inspiration a cheminé dans mon esprit pour concocter de l'inédit. J'ai choisi des domaines inconnus, j'ai testé des styles inattendus, j'ai utilisé des expressions imagées pour à nouveau mieux me définir.

J'ai fait le grand saut dans le ciel et il m'est poussé des ailes, alors je suis parvenue à la rencontre de l'extraordinaire.

J'ai accepté le défi de l'impossible afin de construire ma nouvelle passion, pleine de riches émotions et sensations.

J'ai développé ma retenue mais je crois encore dans l'absolu. Il nous faut panser nos peines en nous libérant des contraintes et en acceptant nos limites.

Aussi, **puisons la force dans la collecte de nos envies** et devenons ainsi notre vrai propre personnage…

***

Je suis la porte-parole de mon envol dans ce monde merveilleux, où la lumière me drape de couleurs féériques.
Serait-ce **le paradis** tambourine mon cœur ? La chaleur du soleil me drape de douceur.
L'écho me murmure à l'oreille une suave symphonie qui intensément m'émerveille. Les notes s'égrènent, reviennent et s'unissent à nouveau.
Un bruissement d'aile…, l'ombre d'un oiseau se dessine sur l'eau, une mélodie angélique résonne alors très haut, jamais je n'avais rien entendu de si beau !
Dans le cadre majestueux et verdoyant de dame *Nature*, resplendit un chemin parsemé de Cristal, me conduisant à la rencontre de mon essence pure.
Découvrir mes multiples facettes, comprendre ma sensibilité, explorer mes facultés ont permis aux rouages de ma pensée d'**accepter le privilège d'être en accord avec ma personnalité**…

***

Le pouvoir des mots… Immense **est la magie** de l'écriture, quand elle m'offre généreusement son écrin d'inspiration.
Elle ouvre la porte à l'émotion, me permettant d'être un mot, une pensée, un rêve aboutissant à raviver des réminiscences que je ne pensais partager.

Je ne peux que me laisser (em) porter par le raz de marée de mes impressions, que je choisis de magnifier, par celle **nommée Poésie**.
Ce sont également mes *sentiments intérieurs qui* génèrent prose et vers, me permettant ainsi de raisonner avec mon cœur, me laissant explorer ma profondeur créative, en osant offrir ce qui m'est essentiel.
Le pouvoir de l'écriture est de lutter contre toute caricature, en étant le pont entre mots et maux, favorisant ainsi une utilisation du langage, que je peux adapter au besoin de ma conscience.
Pour ce faire, je plonge dans l'imaginaire et je me laisse dériver à travers « tout mode d'éloquence entrant en simple résonnance. »
La poésie dévoile le fragment du secret, nous rapprochant de cette partie inconnue parfois de nous-mêmes, que nous devons apprendre à connaître et maîtriser.
Elle est enfin devenue la force précieuse nécessaire qui irradie **la profondeur de mon identité**.

L'Éternel est mon Berger*, rien ne me manque, sur des prés d'herbe fraîche, il me fait reposer, vers les eaux du repos il me mène,* ***Il*** *y* ***refait mon âme****...*

La Bible, Psaume 23

Table des matières

Imprimé en Allemagne
Achevé d'imprimer en avril 2022
Dépôt légal : avril 2022

Pour

Le Lys Bleu Éditions
40, rue du Louvre
75001 Paris

LE LYS BLEU

ÉDITIONS

Printed in the USA
CPSIA information can be obtained
at www.ICGtesting.com
LVHW012319260424
778567LV00007B/231